AF224284

BALANCE

DE

FINANCE.

D'APRÈS la lecture de plusieurs messages du Directoire, dans lesquels il expose la pénurie des finances, au conseil des cinq-cents, tout bon citoyen doit à sa patrie son opinion, quand il croit faire le bien : dans tous les temps la loi a protégé l'orphelin et l'orpheline mineurs, dans les circonstances où leurs tuteurs et curateurs avoient mal aliéné leurs biens, la loi les a toujours rétablis dans leurs propriétés.

D'après ces principes je soutiens à tout l'Univers que la République est mineure, et que ses tuteurs et curateurs ont mal aliéné ses propriétés.

Voici deux faits , sans beaucoup d'autres :

Un fermier , dans le ci - devant Vexin-Français , est devenu propriétaire d'une ferme de huit charrues , pour environ cent louis qu'il a convetis en papier - monnaie , et en a payé le prix de l'acquisition de cette ferme.

Un autre fermier , dans la ci - devant Touraine , près Blois , est devenu proprié-taire de sa ferme , avec le prix d'un cochon qu'il a vendu vingt - mille liv. , papier - monnaie ; cette ferme , à cette époque , était louée huit-cents liv. Représentans du peuple Français , c'est vous , les vrais tuteurs et curateurs de la République , qui possédez tout pouvoir d'approfondir les dilapidations que l'on a faites dans le paiement des biens nationaux.

C'est à vous à qui je soumets ces deux

résolutions, pour rétablir la balance dans les finances, sans cependant faire d'injustice à personne, et en conservant aux propriétaires la jouissance des biens nationaux qu'ils ont acquis.

La premiere résolution est de faire faire la vérification sur les registres, dans tous les départemens, des époques auxquelles les biens ont été vendus et payés, suivant la valeur que le papier - monnaie avait cours à la trésorerie ; d'après cette vérification, toute propriété qui n'aura point été payée dix fois la valeur de son revenu, écus, il sera fait un appel au propriétaire en jouissance, par une signification de se rendre au département, dans le cours de quinze jours, pour completter la somme de dix fois la valeur, écus, du bien provenant de la République ; il sera accordé, à ces mêmes acquéreurs, la faculté de faire la rente pour le supplément, à raison de cinq pour cent, jusqu'à parfait paiement ; ces rentes auront cours à commencer du jour que la loi sera rendue, pour completter le supplément de finances ; ces rentes seront reçues tous les six mois par le trésorier des départemens, et versées au trésor de la République.

Tout propriétaire, ou son fondé de pouvoir, qui ne se sera pas présenté dans le cours des quinze jours de la signification, sera déchu de sa propriété, et dans les huit premiers jours qui suivront la signification, ce même bien sera affiché au département et dans la commune dont il fait partie : l'acquéreur nouveau remboursera au premier acquéreur la somme qu'il aura déboursée, et il aura la faculté de payer la rente dû surplus de l'adjudication, comme il est dit ci-dessus. On poursuit toujours avec délire la vente des biens nationaux, l'on donne le reste des biens de la République pour rien, pour des inscriptions sur le Grand-Livre : les agioteurs étrangers et français, pour douze à quinze cents liv., deviennent propriétaires d'une maison qui produit trois à quatre mille liv. de rente, et ils ne donnent réellement à la nation que douze à quinze cents liv., écus; peut-on laisser subsister un pareil abus ?

La seconde résolution est urgente, c'est de faire la vérification sur le Grand-Livre, pour examiner la valeur que l'on a versée dans le trésor de la République, écus, et de faire payer la rente de ladite somme au prorata.

Les agioteurs français et étrangers sont devenus propriétaires d'inscriptions sur le Grand-Livre pour cinquante mille liv. de rente, et ils n'ont réellement versé dans le trésor de la République, qu'environ dix mille liv., valeur écus ; ces agioteurs sont confondus avec les bons rentiers, ils reçoivent leur quart comme les anciens, pour 10,000 l., écus, ils reçoivent leur quart de 12,500 l., et vous disent : *la République deviendra ce qu'elle pourra.*

L'on peut apprécier comme révolutionnaire la loi qui porte que l'on recevra les papiers-monnaie sur le Grand-Livre comme écus ; c'est bien un vrai délire des représentans à cette époque : le délire est si grand qu'il n'est point possible de le laisser subsister plus long-temps ; il faut réduire au cours de la trésorerie, du jour que les inscriptions ont été souscrites. A l'égard des rentes provenant d'anciens contrats, faits par l'ancien gouvernement, il sera fait une réduction d'un quart sur les sommes au-dessus de mille liv ; celles au-dessous de cette somme ne souffriront aucune réduction ; la plupart de ces rentes provenant d'emprunts toujours onéreux pour un gouvernement, produisaient aux propriétaires de sept et demie à neuf pour 100.

La pénurie des Finances fait que les Hôpitaux sont à la veille de manquer de subsistances.

Ce fait est constant d'après la demande du Directoire au Conseil des cinq-cents.

Nos ressources sont au - delà de nos besoins, il ne s'agit que de les bien administrer ; c'est de faire payer, comme je l'ai dit ci - dessus, tous les biens nationaux, dix fois le prix du revenu, d'après l'estimation de quatre vingt - dix : les propriétaires de ces biens vont devenir débiteurs de la République ; ils auront la faculté d'en payer la rente, à partir du jour que la loi sera rendue.

Pour procurer promptement des subsistances aux Hôpitaux, et rétablir le crédit public, il faut faire faire des lettres de change pour les six premiers mois d'intérêts, que lesdits acquéreurs de biens nationaux souscriront, et les faire accepter par les Fermiers : ces lettres de change seront données aux fournisseurs desdits hôpitaux, et huit jours après, l'abondance sera rétablie dans tous les hôpitaux de la République.

L'exécution de la loi que je demande aux

tuteurs et curateurs de la République est urgente pour rétablir les finances.

Cette loi, mise en exécution contentera tous les acquéreurs de biens nationaux, en les confirmant de nouveau propriétaires, et en les reconnoissant, par un nouveau titre, les débiteurs de la République.

Le même droit portera qu'aucune réclamation ne pourra avoir lieu de particulier à particulier, et qu'aucun des tribunaux ne pourra prendre connoissance de pareilles demandes ; il en résulteroit beaucoup d'inconvéniens pour les enfans mineurs, dont les parens auroient fait beaucoup d'améliorations dans les domaines nationaux.

Ces deux résolutions, mises en exécution, feront disparaître la pénurie dans nos finances, c'est ce que je souhaite comme bon citoyen,

FOURNIER.

De l'Imp. de ROBLOT, rue de la Huchette, Nº. 18.

La ressource des lettres de change,
proposées ci-dessus, sera incalculable pour
le trésor public ; en les admettant pour
les paiemens des impositions, sous trois
ou quatre mois, tout l'arrièré des impositions serait payé. Cette liquidation aurait
toujours sa même activité, tant qu'il exis-
terait de ces lettres de change en circulation :
c'est l'avantage d'un gouvernement de rece-
voir toutes ses impositions bien exactement.

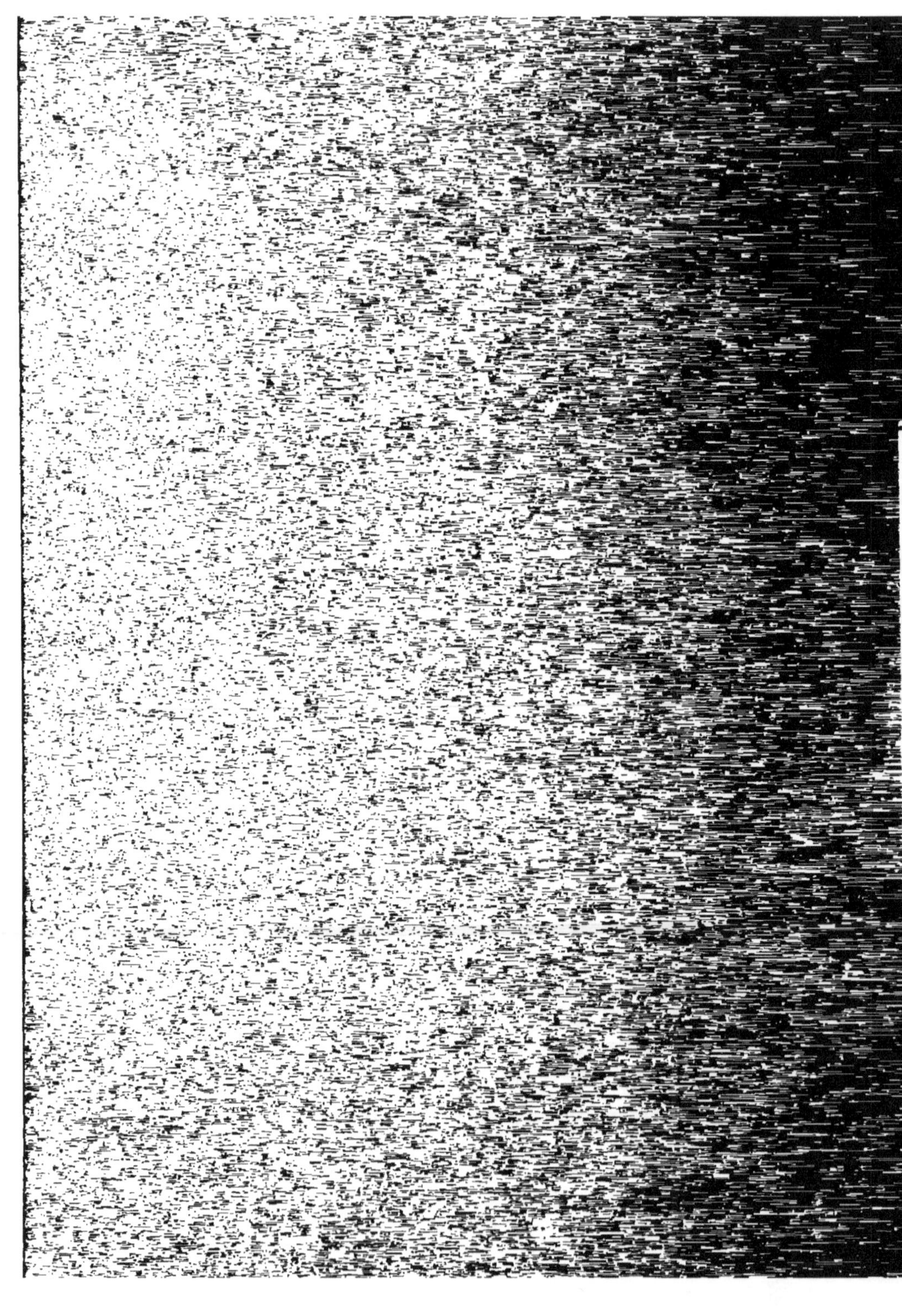